Bastelideen rund um die Rolle

von Ingrid Klettenheimer ALS-Hobby-Kurs 628

Impressum

© Copyright 1990 by ALS-Verlag GmbH, Frankfurt/Main.
Alle Rechte vorbehalten.
Nachdruck und Auswertung dieser Reihe zu gewerblichen
Zwecken nicht gestattet.
Bei Verwendung in Kursen ist die genaue Quelle anzugeben.
Idee, Text und Gesamtkonzept:
Ingrid Klettenheimer, Karlsruhe.
Photos: Jiri Kohout, Horben.
Grafik: Christel Claudius, Hamburg.
Satz: Bruno Bopp, Hanau.
Druck: ALS-Verlag GmbH, Frankfurt.
Bestell-Nr. 25.628.
ISBN-Nr. 3-921366-33-X.

CIP-Titelaufnahme der Deutschen Bibliothek:
Klettenheimer Ingrid:
Bastelideen rund um die Rolle / Ingrid Klettenheimer. –
Frankfurt/Main: ALS-Verl., 1990
      (ALS-Hobby-Kurs; 628)
      ISBN 3-921366-33-X
NE: GT

ALS-Verlag GmbH
Postfach 70 01 52
D-6000 Frankfurt/Main 70

Inhalt

Vorwort 4

Papprollenfiguren – schnell gebastelt 6
Menschen aus aller Welt (Foto S. 5) 6
Skifahrer (Foto S. 7) 6
Rollenmädchen mit Kartonköpfen (Foto S. 8) 6
Figuren mit Knäuelköpfen (Foto S. 9) 6

Papprollenmännchen mit Wattekugelköpfen 10
Pippi Langstrumpf (Foto S. 10) 10
Engel (Foto S. 11) 10
Aschenputtel als Wendepuppe (Foto S. 12) 10
Strumpfpuppen (Foto S. 13) 12

Lauter Tiere aus Papprollen 14
Raupen (Foto S. 14) 14
Schäfer mit Schafen (Foto S. 15) 14
Dackel (Foto S. 16) 16
Mäuse (Foto S. 17) 16

Diese Figuren sind beweglich! 18
Krokodile (Foto S. 19) 18
Marionettenvögel (Foto S. 20) 18
Clownsfamilie (Titelbild) 18
Windmühlen (Rückseite) 18
Clowns mit Wackelarmen (Foto S. 21) 18

Bauen mit Rollen 22
Vogelhäuschen (Foto S. 22) 22
Rundhäuser (Foto S. 23) 22
Ritterburg (Foto S. 24) 23
Märchenschloß (Foto S. 25) 23

Allerlei Spielzeug 26
Phantasievögel (Foto S. 26) 26
Schaukelmännchen (Foto S. 27) 26
Rollendrachen (Foto S. 28) 26
Kasperfiguren (Foto S. 29) 26

Zimmerschmuck rund um die Rolle 30
Schwebende Vögel (Foto S. 30) 30
Reitende Hexen (Foto S. 31) 30
Rosa Vögel als Serviettenhalter (Foto S. 32) 32
Glitzerblumen als Serviettenhalter (Foto S. 33) 32

Kleine Geschenke in Rollenform 34
Utensilos für den Schreibtisch (Foto S. 34) 34
Sparkassen aus Rollen (Foto S. 35) 34
Bären mit Papprollen (Foto S. 36) 34

Vorwort

Wer hat nicht schon einmal eine der Rollen, die fast täglich im Haushalt zum Abfall wandern, in der Hand gehalten und dabei gedacht: Eigentlich schade drum...? Nun, daß jede dieser Rollen noch vielfältige Verwendungsmöglichkeiten bietet, möchte die vorliegende Broschüre an einigen Beispielen aufzeigen. Besonders jeder, der mit Kindern arbeitet, wird froh sein, mit diesen als wertlos angesehenen Papprollen ein preiswertes und vielseitiges Bastelmaterial in die Hand zu bekommen.

Nach jedem "Sammelaufruf" stapeln sie sich schneller, als sie sich verarbeiten lassen, aber das ist ja kein Schaden. Wer erst einmal angefangen hat, mit Rollen zu basteln, dem werden immer neue Ideen dafür kommen, wie sie weiter ausgeschmückt und in preiswertes Spielzeug verwandelt werden können. Alle Kinder erweisen sich bei solchen Vorhaben als begeisterte Abnehmer und Mitbastler und zeigen auch häufig, daß ihre eigene Kreativität ganz offenkundig angeregt wird. Und geht tatsächlich mal ein Versuch, etwas Neues zu schaffen, daneben – was tut's? Das kostenlose und leicht ersetzbare Material ist ja gleich wieder für einen neuen Anlauf zur Hand.

Welche Rollen eignen sich nun für Bastelzwecke? Eigentlich alle, und das sind sicher mehr, als einem gerade in den Sinn kommen. An erster Stelle steht natürlich die Toilettenpapierrolle, dicht gefolgt von ihren "längeren Brüdern", die den Kern von Backpapier-, Alufolien-, Haushalts- oder Geschenkpapierrollen bildeten. Doch da gibt es noch mehr zu sammeln: die dicken, kurzen Rollen, um die Handarbeitsgarne gewickelt waren, runde Chips- und Kräuterteedosen, große Versandbehälter für Bilder und schließlich auch noch kleine schmale Rollen, die einmal Gipsbinden hielten – Nähseidenröllchen aus Pappe sind allerdings am "Aussterben"! Doch notfalls lassen sich ja schnell aus Papier und Karton kleine Rollen formen und zusammenkleben, wenn gerade einmal eine bestimmte Größe benötigt wird und einfach nicht zur Hand ist.

Damit nun all diese Rollen auch richtig ansehnlich erscheinen, können sie bemalt werden oder einen Bezug erhalten. Zum Bemalen empfiehlt sich die gut deckende Plakafarbe besonders, zum Beziehen sind alle Arten von Papier, natürlich auch Stoffe, vor allem aber die in glänzend und matt erhältlichen, selbstklebenden Kunststoffolien (dc-fix) geeignet. Bei den meisten Arbeiten dieser Broschüre wurden die letzteren verwendet. Die Arbeit mit ihnen geht rasch, sauber und problemlos vonstatten und erspart lange Trockenzeiten. Aus 11 cm/17 cm großen Zuschnitten entstehen Hüllen, die nur noch an den Rändern nachgeschnitten werden müssen und aus dem Rollen-"Aschenputtel" ein "Königskind" unter seinesgleichen machen.

Aber es gibt auch Rollen, die makellos weiß oder hellbraun scheinen und wirklich keinen Bezug mehr benötigen, wie es etwa die Vogelhäuschen von Seite 22, die Burganlage von Seite 24 oder die Windmühlen von der Rückseite beweisen. Zudem darf nicht vergessen werden, daß die Freude der Kinder an dem neuen Rollenspielzeug nicht unbedingt von der Hülle, sondern vor allem von seiner Funktionstüchtigkeit abhängt. Gerade beim Basteln mit größeren Gruppen würde die notwendige Menge an Folie auch zu einem Geldproblem, und das ist nicht notwendig. Die hübsche Verpackung der in der Broschüre vorgestellten Arbeiten soll nur auf den Geschmack bringen – einfachere Ausführungen tun in Kindergarten und Grundschule allemal ihre Dienste und sind sich trotzdem eines begeisterten Publikums sicher!

Dabei braucht ja auch nicht auf die Hilfe der beiliegenden Schablonenformen verzichtet zu werden; die Bezeichnungen I und II weisen darauf hin, auf welcher Seite des Musterbogens sie zu finden sind.

Menschen aus aller Welt

Papprollenfiguren – schnell gebastelt

Menschen aus aller Welt (S. 5)
Körper und Köpfe sind eins bei diesen Indianern, Chinesenmädchen und dunkelhäutigen Frauen. Für alle Figuren werden die Rollen zunächst ganz mit selbstklebender Glanzfolie bezogen, nur die Chinesinnen haben sich in klein gemusterte Origamipapiere gehüllt. Eine Gesichtsform (I) in passendem Farbton klebt am oberen Rand und läßt sich mit Folien- oder Buntpapierresten weiter ausschmücken. Unter den kegelförmigen Tonpapierhüten (I) der Asiatinnen schauen Zöpfe aus schwarzen Kreppapierstreifen hervor. Der prächtige Federschmuck der Indianer, der aus eingeschnittenen Tonpapierblattformen entsteht, klebt am Innenrand der Rolle. Die außen angebrachten schwarzen Fransenfrisuren aus Kreppapier hält ein farblich kontrastierendes Stirnband zusammen.
Die meiste Arbeit machen die Bewohner Afrikas. Am Kopfende steckt eine 5 cm große, zusammengedrückte und schwarz bemalte Wattekugel in der bezogenen Rolle. Die Locken entstehen durch Aufwickeln schwarzer Wollfäden auf einen Bleistift; ein Stück Klebeband hält sie zusammen. Nach dem Abstreifen vom Stift werden die Locken einfach dicht nebeneinander auf die Rundung des Kopfes geklebt. Die aus einem längs gefalteten und in Streifen eingeschnittenen Kreppapierstück entstandenen Röckchen schmücken glänzende Klebefoliengürtel. Aus diesem Material sind auch Gesichtszüge und Schmuck hergestellt.

Skifahrer (S. 7)
Die Skifahrer bekommen etwas größere Gesichtsformen (I) aus Selbstklebefolie oder Tonpapier. Als Arme werden beidseitig einmal gefaltete und abgerundete, 12,5 cm/2 cm große Tonpapierstreifen mit Musterklammern angebracht, bevor die ebenfalls durch Falten verdoppelten und am oberen Kopfrand festgeklebten Kreppapierstücke (15 cm/12 cm) die Mützen bilden, die ein Perlgarnfaden zusammenfaßt. Die in die Arme geschobenen Skistöcke bestehen aus gekürzten Schaschlikstäben. An ihnen stecken kleine Pappteller, deren Schnittmuster ebenso wie das für die Skier auf Bogen I zu finden ist.

Rollenmädchen mit Kartonköpfen (S. 8)
Diese fröhliche Gesellschaft ist das Werk einer 2. Klasse. Die Kinder bemalen zuerst eine Seite der am Scheitel verdoppelten Kopfform (I) aus hellem Aktendeckelkarton mit den Gesichtszügen, die Rückseite mit der gewünschten Haarfarbe. Danach klappen sie die ausgeschnittene Form auf und kleben einige Kreppapierstreifen dazwischen, weitere bilden Stirnlocken und Hinterhaupthaar. Danach werden die Köpfe mit den unteren, abgefalzten Teilen in die Rolle geklebt und zunächst mit Büroklammern festgehalten. Die Ärmchen (I) bekommen zum Rollenbezug passende Ärmel, bevor sie die Kinder ebenfalls mit den abgeknickten Enden im Rolleninnern befestigen. Ganz nach Geduld und Fingerfertigkeit können sie danach die Püppchen mit Gürteln, Schleifen oder Knöpfen weiter ausschmücken. Beim Arbeiten mit einer Klasse empfiehlt es sich, schon vorher eine größere Menge etwa 1 cm breiter Streifen aus Selbstklebefolie vorzubereiten und ebenso viele kleinere, zurechtgeschnittene Stücke bereitzustellen.

Figuren mit Knäuelköpfen (S. 9)
Die abgebildete Gesellschaft stammt aus einer Vorschulklasse. Die Papprollen werden hier in ein kleingemustertes oder einfarbiges Stoffstück gewickelt, nachdem sie die Kinder rundum mit Pritt Klebestift bestrichen haben. Am oberen und unteren Rand der Rolle soll dabei etwas Stoff überstehen, der abschließend eingeschlagen und im Innern der Rolle befestigt wird. Für die Kopfform knüllen die Kinder ein Stück Zeitungspapier zu einem möglichst kugelförmigen Gebilde, überziehen es mit einem gelben, 20 cm/20 cm großen Faltpapier und kleben die Ecken zusammen. Nun bestreichen sie den oberen Rollenrand mit Klebstoff und drücken den Knäuel darauf. Die Seite mit den wenigsten Falten wird zum Gesicht; die Gesichtszüge malen die Kinder mit Filzstiften auf. Eine Frisur aus Wolle, ein Bart aus Watte, Papierhütchen, Knöpfe, Umhänge oder Schleifen aus andersfarbigen Stoffresten vervollständigen die lustigen Gesellen.

Skifahrer

Rollenmädchen mit Kartonköpfen

Figuren mit Knäuelköpfen

Papprollenmännchen mit Wattekugelköpfen

Pippi Langstrumpf (S.10)
Die bemalten und mit Glanzpapierstreifen geschmückten Rollenkörper haben Arme und Beine aus je zwei zur Hexentreppe gefalteten, 2 cm/50 cm langen Flechtstreifen, die nach dem Verkleben der Enden mit vier Musterbeutelklammern befestigt sind. Schuh- und Handformen aus Tonpapier vervollständigen sie. Auf den Körpern sitzen 6 cm große, mit Plakafarbe grundierte und mit Permanentstiften weiter ausgestaltete Wattekugeln als Köpfe, die zu Zöpfen geflochtene rote, Kreppapierfrisuren tragen. Die Abb. zeigt Arbeiten eines 2. Schuljahres.

Engel (S.11)
Kindergartenkinder bastelten diese Engelsschar.
Mit Plakafarbe grundierte Papprollen werden zu den Körpern, 5 cm große Zellstoffkugeln zu den Köpfen. Nach dem Zusammenkleben der beiden Teile erhalten die Engel Frisuren aus halbierten, etwas auseinandergezupften Wattebäuschchen. Gesichtszüge und Verzierungen für das Gewand schneiden die Kinder aus Filzresten, ebenso die halbe Flügelform aus einmal gefaltetem Stoff.

Pippi Langstrumpf

Engel

Aschenputtel als Wendepuppe (S.12)

Für die Wendepuppe, die das traurige und das erlöste Aschenputtel zeigt, werden zwei 6 cm große, mit Plakafarbe grundierte Wattekugeln, ein Stoffrock in Kreisform von 20 cm Durchmesser, zwei gleichgemusterte Stoffstreifen (4 cm/18 cm) für die Armteile und natürlich, als Körper für beide Figuren zugleich, eine bezogene Papprolle gebraucht.

Zwei kleinere Einschnitte an beiden Enden der Rolle nehmen die dreifach gelegten und geklebten Armteile aus Stoffstreifen auf, die an den Enden zusammengebunden sind. Durch ein recht knapp bemessenes Loch in der Mitte des Stoffkreises läßt sich die Papprolle durch den Rock schieben, der in der Mitte festgeklebt wird. Die beidseitig über den Armteilen befestigten Köpfe erhalten mit Permanentstiften einmal weinend, einmal lachend gemalte Gesichtszüge. Nach dem Anbringen der Frisuren aus Wolle oder Hanf bekommt das erlöste Aschenputtel noch Schmuck und Krönchen aus Bortenresten. Beim Spielen mit den Figuren hängen die Arme der gerade verdeckten Figur wie Beinchen unter dem Rock hervor.

Aschenputtel als Wendepuppe

Strumpfpuppen (S.13)

Lustig schlenkern diese schnell gearbeiteten Strumpfpüppchen ihre Arme und Beine. In zwei seitlichen Schlitzen der bezogenen Rollen klemmen die Arme. Sie entstehen aus einem einzelnen Strumpfteil, sind nach innen zur gewünschten Länge eingeschlagen und nehmen vor dem Abbinden der beiden Enden je eine 3 cm große Zellstoffkugel auf. Eine ganze Strumpfhose wird am Hosenteil abgebunden und unter einer 5 cm großen Kugel nochmals abgeschnürt – eine Seite muß dabei als Gesicht recht glatt bezogen werden! Nach dem Durchfädeln der Strumpfbeine durch die Rolle an beiden Seiten der Armteile vorbei lassen sich die Füße wie die Arme einschlagen und mit einer Wattekugel hervorheben. Eine 4 cm große, passend bemalte Kugel schließlich klemmt zwischen den Beinen in der Rolle und verhindert das Herausrutschen. Gesichtszüge aus Filzresten vervollständigen die Figürchen; der über den Kopf hinausstehende Strumpfhosenteil läßt sich zu den verschiedensten Frisuren formen und legen.

Lauter Tiere aus Papprollen

Raupen (S.14)
Streifen in verschiedenen Grüntönen mustern die mit Glanzfolie bezogenen Körper der Raupen. Das hintere Ende rundet eine 5 cm große, grün bemalte und zusammengedrückte Zellstoffkugel ab, der Kopf entsteht aus einer einfachen Kartonscheibe (l). Augenlider und Mäulchen sind zum Auf- und Zuklappen (l) und werden mit bunten Papierformen weiter ausgeschmückt. Auf einer Reihe nach vorn hin größer werdender Beinchen (l) krabbeln die kleinen Tiere genauso gern durchs Kinderzimmer wie im Sand.

Schäfer mit Schafen (S.15)
Diese von Kindern gestaltete Arbeit eignet sich gut zum Basteln in Gruppen. Für die Schafe werden weiße, vorn und hinten geschlossene Toilettenpapierrollen benötigt. Dafür kleben die Kinder auf beiden Seiten eine etwas überstehende Kreisform aus Zeichenpapier fest, schneiden sie in Zacken ein und kleben diese einzeln nebeneinander an die Röhre. Bis auf den Schwanz müssen alle abgezeichneten Schablonen (l) verdoppelt aus Zeichenkarton geschnitten werden (Falzlinien beachten!). Nun befestigen die Kinder die Beinteile an den Enden der Röhre, legen die beiden zusammengehörenden Füße genau aufeinander und drücken die Beine gleich an der Rolle bis zum Trocknen des Klebstoffs mit Wäscheklammern zusammen. Danach haben die Pappbeine auch genügend Spannung, um das Tier zu tragen.

Bevor Kopf und Schwanz angebracht werden, falzen die Kinder die Enden um und bestreichen sie mit Klebstoff. Die Ohren kleben sie über den Kopf, biegen aber den größeren Teil wieder nach außen. Das Fellkleid der Schafe entsteht am schnellsten durch Aufkleben dünner Streifen und Schichten von Polierwatte. Ein rot gemaltes Mäulchen und Augen aus selbstklebenden Markierungspunkten (d=8 cm) vervollständigen die Tiere. Der Schäfer aus zwei mit Hilfe eines Einschnitts zusammengesteckten Rollen trägt einen 6 cm großen, bemalten Wattekugelkopf, der allerdings erst nach dem Anbringen der beweglichen Kartonarme angeklebt werden darf.

Raupen

Schäfer mit Schafen

Dackel (S.16)

Wer diese nette Hundefamilie basteln möchte, benötigt vor allem stärkeren braunen Karton. Daraus entstehen zunächst nach Schablone (II) die vier Beinformen, die so an den Körper geklebt werden müssen, daß das Tier nachher nicht umfällt. Wäsche- oder Büroklammern sichern alle Klebestellen bis zum endgültigen Trocknen. Inzwischen entsteht aus gefalztem Karton die verdoppelte Kopfform mit den Ohren (I). Diese schmücken kleine Einschnitte; die Augen bilden selbstklebende Markierungspunkte von 13 mm und 8 mm Durchmesser. Ebenfalls aus einem solchen größeren Punkt entsteht das Schnäuzchen; der Mund wird beidseitig mit schwarzem Permanentschreiber aufgemalt. Ganz zum Schluß bekommt der Dackel noch einen Schwanz, der nach dem Einschneiden seinen lustigen Schwung durch vorsichtiges Ziehen über eine Tischkante erhält.

Mäuse (S.17)

Die kleinen Mäuse (I), die sich da vorsichtig dem Käse nähern, entstehen auf die gleiche Weise wie die Dackel. Sie sind allerdings etwas standfester, da sie zusätzlich mit dem Bauch den Boden berühren, und ihre Kopfformen lassen sich leichter an den Rollen befestigen (auch dabei helfen Büroklammern!). Die stärker geringelten Schwänzchen werden vor dem Ankleben über einen Bleistift gewickelt – aber vorsichtig, damit es keine Knicke gibt!

Dackel

Mäuse

Diese Figuren sind beweglich!

Krokodile (S.19)
Schon Kindergartenkinder können diese Tiere basteln! Nach dem Ausschneiden der beiden Schablonenformen (I) aus grünem Tonpapier wird die grün bemalte Papprolle auf den Teil mit den Füßen geklebt, darüber kommt der zweite Teil. Nun schneiden die Kinder längs gefaltete, weiße Papierstreifen bis zur Falzlinie hin im Zickzackschnitt ein und kleben sie den Krokodilen als Zahnreihen ins Maul. Die nach oben geklappten Augen bekleben sie mit weißem und schwarzem Glanzpapier. Damit die Tiere noch echter wirken, bekommen sie einen Rückenbesatz aus grünen Seidenpapierkügelchen. Jetzt muß nur noch ein Perlonfaden mit dicken Knoten durch Ober- oder Unterkiefer, durch die Rolle hindurch und durch das schräg gegenüberliegende Schwanzteil gezogen werden, das abschließend mit der anderen Hälfte zusammengeklebt wird. Ziehen die Kinder nun an diesem Faden, schnappt das Krokodil mit seinem Maul!

Marionettenvögel (S.20)
Auf einem etwa 1 m langen und verknoteten, durch den vorderen Rand der Rolle geführten Perlgarnfaden werden für den Hals eine Reihe von Seidenpapierkügelchen aufgefädelt, die ein bemalter Wattekugelkopf (d=4 cm) und ein letztes, angeklebtes Papierkügelchen krönen. Der Kopf erhält Augen aus Markierungspunkten (13 mm, 8 mm) und einen Tonpapierschnabel. Aus Tonpapier sind auch die dreieckigen, ziehharmonikaförmig gefalteten Flügel (II). Ein 50 cm langer, durch zwei Löcher an der Unterseite gezogener Pfeifenreiniger läßt sich zu Füßen formen, und den Schwanz bilden schließlich farbenprächtige, innen festgeklebte Federn. Dort endet auch der Perlgarnfaden, an welchem Hals und Kopf hängen. An ihm lassen sich die Pappvögel bewegen.

Clownsfamilie (Titelbild)
Wie auf die eben beschriebene Weise werden auch die kleinen Clowns von der Titelseite gebastelt, allerdings mit sehr sorgfältig geschnittenen Händen und recht großen Schuhformen. Ihre nur 5 cm großen Köpfe sitzen auf innen ausgeschnittenen Biedermeiermanschetten (d=12 cm) und tragen eine rote Wattekugel als Nase (d=1,5 cm). Rote Haare aus Ostergras, Hütchen aus Wattekegeln oder Pfeifenputzerschleifen schmücken sie weiter aus. Nicht beweglich sind ihre großen Brüder, deren Körper aus zwei ineinandergesteckten Rollen bestehen (ein Einschnitt in die untere macht es möglich!). Ihre Köpfe sind 6 cm, die Nasen 2 cm groß. Die Gesichtszüge lassen sich am einfachsten mit Permanentschreibern aufmalen, und bei der weiteren Ausgestaltung sind der Phantasie keine Grenzen gesetzt!

Windmühlen (Rückseite)
Wer braune Toilettenpapierrollen gesammelt hat, kann auf das Anmalen verzichten. Mit Filzstiften aufgezeichnete Fenster und Türen genügen, um die Windmühlengebäude zu kennzeichnen. Die Flügel entstehen aus Zeichenpapierquadraten von 10 cm Seitenlänge. Sie werden diagonal jeweils bis fast zur Mitte hin eingeschnitten. Ist jeder zweite Zipfel dort festgeklebt, wird die Mitte gelocht. Zwei Löcher bekommt auch der Turm, durch die ein stärkerer Blumendraht führt. Seine Enden werden umgebogen, wenn er außer einer Perle vor und hinter dem Flügel noch eine weitere auf der Rückseite aufgenommen hat. Schon bei wenig Wind oder einfach durch Blasen drehen sich die Mühlchen in ihrer Halterung.

Clowns mit Wackelarmen (S.21)
Kinderleicht lassen sich auch diese beweglichen Clowns herstellen. Die bezogenen Papprollen erhalten beidseitig Einschnitte bis zur Mitte, in welchen sich die Armteile frei bewegen können. Diese werden nach Schablone (I) aus farbigem Karton geschnitten und in der Mitte mit dem Stichel durchbohrt. Zwei größere, sich gegenüberliegende Löcher bekommt die Rolle etwas oberhalb der Mitte. Wenn nun ein Schaschlikspieß von hinten nach vorn durch die Rolle gesteckt und dabei der Armteil im Innern mit erfaßt wird, dreht sich der Stab in den größeren Körperöffnungen, steckt aber fest im Kartonstück und sorgt dafür, daß die Arme auf- und abschwenken können. Das vordere Ende des Holzspießes schmücken noch Fliege und festgeklebte Holzperle (d=12 mm), das hintere Ende wird gekürzt. Die mit Gesichtsfarbe grundierten und mit Filzresten und Permanentschreibern ausgeschmückten Köpfe entstehen aus 6 cm großen Wattekugeln.

Krokodile

Marionettenvögel

Clowns mit Wackelarmen

Bauen mit Rollen

Vogelhäuschen (S.22)
Ein kleiner weißer Pappteller (d=19 cm), drei quadratische Bierfilzscheiben und eine weiße Toilettenpapierrolle sind das Grundgerüst für das Vogelhäuschen, das auch kleinere Kinder schon nachbauen können. Etwas Schwierigkeiten bereitet dabei nur der Aufbau der dreieckigen Dachform, da die Scheiben leicht verrutschen. Für die Vögelchen formen die Kinder kleinere und größere Ringe aus 2 cm breiten Tonpapierflechtstreifenstückchen. Je zwei werden zu Kopf und Körper zusammengeklebt, ein Überstand am größeren Ring wird zu einer Schwanzform zugeschnitten. Als Flügel kleben die Kinder ein weiteres Tonpapierstück am Rücken fest, der Schnabel entsteht aus einer doppelt geschnittenen Dreiecksform. Die Vögelchen werden auf dem Dach und am Tellerboden rund um die Rolle befestigt. Einzelne, aufgeklebte Kerne und Körner lassen die Vogelhäuschen dann noch echter wirken.

Rundhäuser (S.23)
Die Pappollen für diese attraktiven, mit weißer Selbstklebefolie bezogenen Rundhäuser waren meist Innenteile von Garnknäueln aus dem Handarbeitsgeschäft. Fenster, Türen und Blumenkästen entstehen am schnellsten aus farbigen Glanzfolienstücken, die selbst kleben. Hübsch sieht es aus, wenn in größeren Rahmen kleinere Fensteröffnungen sitzen. Muster für die verschieden großen Dachformen finden sich auf Bogen II.

Vogelhäuschen

Ritterburg (S.24)

Papprollen in allerlei Größen werden rasch zu einer großen Burganlage zusammengestellt, mit der sich herrlich spielen läßt. Da jeweils nur zwei Teile durch Mauerstücke verbunden sind, können die Kinder den Aufbau immer wieder variieren und erweitern. Turmkronen mit Schießscharten aus braunem Karton und Spitzdächer für die kleineren Türmchen lassen die Burganlage noch echter wirken, ebenso wie einige kleine, hoch angebrachte Fenster und Torbogen aus glänzender, dunkelbrauner Selbstklebefolie.

Märchenschloß (S.25)

Eine große rechteckige und eine kleinere quadratische Schachtel werden zum Haupthaus des Schlosses, das rundum von Türmen und Türmchen verschiedener Größen umgeben ist, die von Rollen für Alufolie über Toilettenpapierrollen und Innenteile von Garnknäueln bis hin zu Rollen für Gipsbinden stammen. Der gemeinsame Bezug mit hellrosa Glanzfolie sorgt dafür, daß alle zueinanderpassen. Glänzende Krönung sind die in allen Rottönen schimmernden Kegeldächer (ll), deren Unterbauten aus Zeichenpapier oder leichtem Karton mit verschiedenen Selbstklebefolien (alle von dc-fix) bezogen werden. Die ebenfalls glänzend beklebten Baumstämme sind wieder Gipsbindenrollen, in welchen blattförmig eingeschnittene Büschel von grünem Transparentpapier als Baumkronen stecken. Auch diese Schloßanlage läßt sich beliebig erweitern und mit Papierpüppchen als Bewohnern beleben.

Rundhäuser

Ritterburg

Märchenschloß

Allerlei Spielzeug

Phantasievögel (S.26)
Rasch gebastelt sind diese exotischen Vögel aus halbierten Toilettenpapierrollen. Zwei runde Öffnungen sorgen dafür, daß die Kinder zum Spielen Daumen und Zeigefinger durchstecken und so mit dem Schnabel klappern können. Große Augen aus Selbstklebefolie und Flügelformen (II) aus Tonpapier, die die Klebestellen der größeren, echten Federn verdecken, geben den Figuren den letzten Pfiff.

Schaukelmännchen (S.27)
Etwas mehr als die Hälfte einer bezogenen Papprolle wird zur Schaukel. In kleinen Einschnitten am Rand stecken bemalte Pappmännchen (II), die ganz nach Lust und Liebe mit Holzfarb- und Filzstiften bemalt und abgewandelt werden können.

Rollendrachen (S.28)
Diese Drachen aus grün bezogenen Rollen haben beidseitig spitze Einschnitte, die mit weißen, spitzen Zahnreihen verziert sind. Eine große gebogene und an der inneren Unterseite festgeklebte Tonpapierzunge, Glanzfolienaugen und ein Zackenkamm schmücken sie weiter aus. Ein Loch an der hinteren Unterseite sorgt dafür, daß die Figuren mit Hilfe des Zeigefingers geführt werden können. Der Hinterleib aus grünem blattförmig eingeschnittenem Kreppapier hält dabei die Hand verdeckt.

Kasperfiguren (S.29)
Diese einfachen Kasperpuppen entstehen auf gleiche Weise wie die Mädchenschar von Seite 8, nur sind die Körperrollen auf 8 cm gekürzt, und sie bekommen statt der angeklebten Arme zwei runde Öffnungen etwas unterhalb der Mitte auf der Vorderseite. Durchgesteckte Finger agieren dann als Arme der Figürchen, die mit verschiedenen Papieren, kleinen weißen Selbstklebepunkten (d=8 mm), Filz- und Holzfarbstiften, vor allem aber mit Geduld und Phantasie weiter ausgestaltet werden.

Phantasievögel

Schaukelmännchen

Rollendrachen

Zimmerschmuck rund um die Rolle

Schwebende Vögel (S.30)
Beide Flügelschablonen (II) müssen auf zwei farbähnlichen Tonpapieren umfahren, ausgeschnitten und nur in der Mitte aufeinandergeklebt werden. Danach kommt die größere Form unter die Rolle, so daß sie an beiden Enden mit ihr abschließt; die Klebestellen sichern Büroklammern. Nach dem Trocknen bildet ein eingefügtes, in gleicher Farbe wie die Rolle bemaltes Watteei (55 mm hoch) den Kopf. Die Augen sind selbstklebende Markierungspunkte (d=13 mm, 8 mm), der beidseitig an der Eispitze angebrachte Schnabel (II) besteht aus Tonpapier. Zwei mal drei etwas versetzt übereinandergeklebte Flechtstreifenstücke von 2 cm Breite werden als Schwanzfedern im Rolleninnern befestigt. Sie kommen in Form, wenn sie vorsichtig über eine geöffnete Schere gezogen werden. Der Aufhängefaden hält unter einem körperlangen Tonpapierstreifen zwischen den Flügeln.

Reitende Hexen (S.31)
Diese Bastelarbeit können mit etwas Hilfe auch schon kleine Kinder bewältigen. Sie bohren mit dem Stichel ein Loch in den oberen Rand der Papprolle, ziehen einen Perlonfaden durch
Fortsetzung Seite 32

Schwebende Vögel

Reitende Hexen

Fortsetzung von Seite 30 und verknoten ihn. Durch zwei weitere Löcher schieben sie einen 35 cm langen Pfeifenreiniger, bevor sie den grundierten Wattekugelkopf (d=6 cm) so befestigen, daß die Nase nach vorn zeigt. Diese kleinere Kugel (d=1,5 cm) klebt in der Öffnung der größeren. Nun werden aus doppelt gelegten Kreppapierstücken von 10 cm und 8,5 cm Länge die Röcke durch Einkräuseln gebildet und deren Ansatzstelle mit einem Folienstreifen-Gürtel verdeckt. Durch zwei weitere Löcher in der Rolle führt der Besenstiel, ein 30 cm langer Rundholzstab (d=4 mm), um welchen die Chenilledrahtenden als Hände geschlungen werden und den zum Schluß am hinteren Ende ein Kreppapierbüschel ziert. Auch die nun anzubringenden Haare der Hexe sind aus eingeschnittenem Kreppapier. Nach Schablone schneiden die Kinder schließlich das Kopftuch (II) aus, falten aber vor dem Ankleben noch einen kleinen Rand um.

Rosa Vögel als Serviettenhalter (S.32)

Auf den auf 6 cm Länge gekürzten Papprollen sitzen kleinere aus 4 cm/13 cm großen Tonkartonstücken als Köpfe. Die Augen sind 13 mm und 8 mm große, selbstklebende Markierungspunkte, der Kopfschmuck besteht aus gekräuseltem Geschenkband, das durch zwei dicht nebeneinanderliegende Löcher am Scheitel gezogen wird. Aus Karton gleicher Farbe wie die Köpfe entstehen Füße und Schwanzteil. Das 4 cm/25 cm große Kartonstück muß 5 cm breit umgefalzt, mit Einschnitten für Zehen und Schwanzfeder versehen und festgeklebt werden. Einfach zur Dreiecksform gelegte und etwas eingerollte Servietten bilden die Flügel dieser dekorativen Serviettenhalter.

Glitzerblumen als Serviettenhalter (S.33)

Die glänzend grün bezogenen Papprollen tragen einen bemalten Holzspatel, der 2–3 cm tief im Innern der Rolle festgeklebt ist. Aus kreisförmig geschnittenen Folienpapieren (d=13,5 cm, 10 cm, 8 cm, 6 cm, 3 cm), die dreifach gefaltet und zu Blütenformen ein- und ausgeschnitten werden, entstehen die Glitzerblumen. Je zwei gleich gearbeitete zieren die Spatelspitze auf beiden Seiten. Eine grüne, auseinandergefaltete Serviette, die diagonal wieder in Ziehharmonikafalten gelegt, in der Mitte zusammengeknickt und in die Papprolle geschoben wird, bildet die Blätter. Durch das Anfertigen der vielen Einzelteile für eine Blüte ist die Arbeit etwas zeitaufwendig; die Blumen können aber in den zum Geschirr passenden Farbtönen gestaltet werden und lassen sich immer wieder verwenden.

Rosa Vögel als Serviettenhalter

Glitzerblumen als Serviettenhalter

Kleine Geschenke in Rollenform

Utensilos für den Schreibtisch (S.34)
Ton in Ton mit Folien bezogene Rollen verschiedener Größe nehmen auf einer stabilen Bodenplatte aus farbigem Karton (ll) allerlei Kleinkram auf. Wichtig für die Wirkung ist, die Folien am oberen Rand etwas einzuschlagen und zur Vorderseite hin immer niedrigere Rollen zu verwenden – 6 Einzelteile genügen meist für ein gefälliges Arrangement.

Sparkassen aus Rollen (S.35)
Größere Rollen mit festem Boden und abnehmbaren Deckelteil (Versandrollen, Chipsdosen usw.) werden zu lustigen Sparbüchsen. Nur mit einem spitzen, scharfen Messer gelingt der Mundausschnitt als Sparschlitz; eine darübergeklebte Mundform mit etwas schmalerem Ausschnitt kann unebene Kanten verdecken. Nase und große Augen aus mehrfarbigen Folien sind besonders wichtig für die Wirkung. Die Büschelfrisuren lassen sich ganz einfach herstellen: Viele, von einer ungeöffneten Kreppapierrolle abgeschnittene Streifen werden jeweils an einem Ende mit einem Faden abgebunden und damit dicht nebeneinander auf den Deckel geklebt. Ein Schnitt bringt die Frisuren richtig in Form.

Bären mit Papprolle (S.36)
Die aus Karton geschnittenen und mit Glanzfolien verzierten Bärchen (ll) halten auf dem Schoß eine bezogene Handarbeitsgarnrolle fest, die allerlei Geschenke aufnehmen kann. Besonders Kinder freuen sich über die kleinen Gesellen sehr – sie sind ja schon selbst ein Geschenk, dazu eines, das auch einmal erst in letzter Minute entstehen kann, wenn Karton und Rollen im Haushalt vorhanden sind.

Utensilos für den Schreibtisch

Sparkassen aus Rollen

Bären mit Papprollen